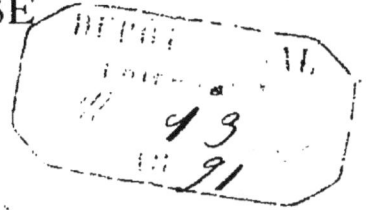
JOSEPH ROUSSE

CHANTS

DE DEUIL

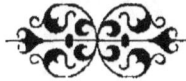

NANTES

ÉMILE GRIMAUD, IMPRIMEUR-ÉDITEUR

4, PLACE DU COMMERCE, 4

1891

CHANTS DE DEUIL

DU MÊME AUTEUR

AU PAYS DE RETZ

Poésies. — Un vol. in-12

POÈMES ITALIENS ET BRETONS

Un vol. in-12

POÉSIES

Un vol. petit in-16

CANTILÈNES

Un vol. petit in-16

POÉSIES BRETONNES

Un vol. in-12

CHANTS D'UN CELTE

Un vol. petit in-16

JOSEPH ROUSSE

CHANTS

DE DEUIL

NANTES

ÉMILE GRIMAUD, IMPRIMEUR-ÉDITEUR

4, PLACE DU COMMERCE, 4

—

1891

A LA MÉMOIRE

DE MA CHÈRE FEMME

———

A MES FILLES BIEN-AIMÉES

———

A PRIGNY

Avec ma bien-aimée, au temps de mon bonheur,
Ici je suis venu, le cœur plein d'espérance.
Aujourd'hui me voilà brisé par le malheur,
Seul, et de l'avenir n'attendant que souffrance.

Sous ces ormeaux battus par la brise de mer,
Nous nous étions assis près de cette chapelle.
Ses yeux étaient ravis en voyant devant elle
S'étendre les flots bleus jusqu'à l'horizon clair.

Sur les marais salants l'essaim blanc des mouettes
Rasait les tamarins et les fèves en fleurs.
L'hirondelle volait en chantant sur nos têtes,
Le printemps et l'amour s'unissaient dans nos cœurs.

2

Mais la mort a passé faisant son œuvre sombre ;
Mon amie est couchée au fond d'un noir caveau.
Je n'ai plus qu'un désir, le sommeil du tombeau ;
Mon bonheur pour jamais s'est enfui comme une ombre.

Aux Moutiers j'ai revu la *Lanterne des Morts*.
Ainsi qu'aux anciens temps, près de la vieille église,
Quand l'âme d'un chrétien vient de quitter son corps,
Une lampe paraît dans la tourelle grise.

O mon unique amie, en pieux souvenir,
Par ces chants je voudrais, comme dans ce village,
Allumer aussi moi, devant ta douce image,
Un modeste flambeau pour le temps à venir.

Prigny, près les Moutiers-en-Retz.

MARTHE ET PHILBERT

A ma sœur Marie.

I

Une pauvre maison aux murailles de terre,
A l'ombre d'un figuier, s'élève solitaire
Sur le bord des marais. On aperçoit au loin
Le clocher crénelé de l'église de Bouin
Et la tour de Beauvoir aux fenêtres romanes ;
Plus près, devant la mer, un groupe de cabanes
Entouré de pommiers et de verts tamarins.

C'est là qu'habitent seuls deux jeunes orphelins,
Marthe et son frère André, dans leur seizième année.
Tous leurs parents sont morts déjà, Marthe est l'aînée.
Plus fraîche qu'un bouquet d'églantine au printemps,

Elle est sage et pieuse, et, malgré ses seize ans,
Pense à chercher asile en quelque monastère,
Quand pour l'armée un jour sera parti son frère.
Le père ayant laissé des prés, un peu d'argent,
Sous leur toit de roseaux ils vivent doucement.
Marthe va quelquefois à Barbâtre, dans l'île
Qui porte des moulins sur sa dune stérile.

Elle se mit en route un beau matin d'été.
La mer baissante était d'un azur argenté.
Devant elle marchait sur les grèves humides,
Pieds nus, faisant jaillir l'eau des flaques limpides,
Vêtu, comme un pêcheur, sous le soleil brûlant,
D'une chemise rouge et d'un caleçon blanc,
Un jeune homme bien fait, svelte et de doux visage,
Aux yeux clairs et brillants, à l'air un peu sauvage.
Elle le reconnut et dit : « C'est vous, Philbert ! »
Le pêcheur répondit : « Bonjour ! » et de concert

Ils suivirent le gué, se dirigeant vers l'île.
Le passage était long, mais Marthe était agile.

Philbert en la voyant vive comme un oiseau,
Rose, avec des pieds blancs qui frétillaient dans l'eau,
Se sentit pris d'amour jusqu'au fond de son âme :
« Marthe, voudriez-vous, dit-il, être ma femme ? »
Elle leva sur lui ses grands yeux étonnés :
« Depuis tantôt huit jours mes seize ans sont sonnés ;
« Vous vous moquez, Philbert ! » Mais lui : « Non, je vous aime
« Plus que l'or et l'argent, que tout et que moi-même. »
Elle le regarda, sérieuse à son tour.
Elle vit sa beauté, ses yeux remplis d'amour,
Et son cœur tressaillit. Rouge comme une mûre,
Elle laissa tomber ces mots de sa voix pure :
« Oui, je veux bien, Philbert. » Ainsi ces deux enfants
Jurèrent de s'aimer, aux cris des goélands
Qui près d'eux tournoyaient sur les hautes balises,

Dans le gué périlleux de loin en loin assises.
Puis Philbert s'arrêta pour pêcher jusqu'au soir,
Et Marthe s'en alla, lui disant au revoir.

II

La nuit tombait du ciel assombri par l'orage ;
Un vent impétueux soufflait sur le rivage ;
Les phares dans le gué brillaient sinistrement.
Marthe au bord de la digue attendait vainement ;
Philbert avait promis de la prendre à la côte
Pour traverser *le Gois*, — et la mer était haute ;
Il n'avait point paru. Les flots gris et houleux
Entouraient Noirmoutier d'un désert écumeux.
Dans l'ombre, vers Beauvoir, tremblait un feu rougeâtre
Marthe, le cœur brisé, revint seule à Barbâtre.
A l'aube on vit Philbert noyé loin des abris ;
Par l'orage poussé, le flux l'avait surpris.

III

Marthe est à Machecoul, au couvent du Calvaire.
Parfois en admirant, de sa cellule austère,
Les deux clochers à jour sur le ciel de saphir,
Elle songe à ce temps, trop loin pour son désir,
Où deux cœurs éplorés, à leur amour fidèles,
S'uniront dans les cieux comme ces tours jumelles.

LA VIERGE DE ROSTRENEN

——

A Madame Marie Delorme.

Quand la neige sur le coteau
Jetait son blanc manteau d'hermine,
A Rostrenen, près du château,
Parmi des buissons d'aubépine,
Brillait, sous les yeux des seigneurs,
Un rosier tout couvert de fleurs.

Bien des ans dura ce prodige.
Il n'ouvrait point les yeux des Grands ;
Et, toujours fraîches sur leur tige,
Les roses charmaient les passants.
C'est aux humbles que Dieu révèle
Les fleurs de la vie éternelle !

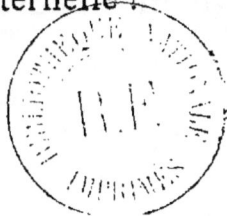

3

Un jour vint où des paysans,
Poussés par une main divine,
Pâtres, femmes, petits enfants,
Voulurent voir sous l'églantine
S'il n'était point quelque trésor,
Sainte image d'argent ou d'or.

Et soudain, en creusant la terre,
Ils virent au pied du rosier
Un buste de la Vierge-Mère,
Sculpté pour un ancien moutier.
C'est aux humbles que Dieu révèle
Les fleurs de la vie éternelle !

Ils tombèrent à deux genoux
Devant cette image bénie ;
Riches, pauvres coururent tous
Cueillir l'églantine fleurie.

Bientôt la Vierge eut un autel
Paré des plus beaux dons du ciel.

Puis on bâtit une fontaine
Près du rosier miraculeux;
Des monts d'Arez et de la plaine
Les pèlerins y vont nombreux.
C'est aux humbles que Dieu révèle
Les fleurs de la vie éternelle !

LE CAP FRÉHEL

A M. Julien Duchesne.

Debout comme un géant devant la mer immense,
Portant à son sommet un phare aux feux tournants,
Ceint de rouges rochers, le cap Fréhel s'avance,
Tantôt voilé de brume, au milieu du silence,
Tantôt, sous un ciel clair, assailli par les vents.

Formidables rochers, superbe promontoire,
Quand l'Océan bondit et lance autour de vous
Des colonnes d'écume et d'eau grisâtre et noire,
Vous semblez ignorer sa rage; la victoire
Ne vous a rien coûté; vous méprisez ses coups.

Je vous ai vus l'été. Chassant quelques nuages,
Le soleil sur les flots semait des diamants;

Les galets bruns mouillés brillaient aux bord des plages ;
Dans la haute falaise aux flancs nus, sans herbages,
Au-dessus des pêcheurs nichaient des oiseaux blancs.

La lande près de moi s'étendait sèche et plate.
Des troupeaux y dormaient, sur le sol affaissés.
De rares fleurs d'ajoncs paraient la terre ingrate.
Au loin j'apercevais le vieux fort de la Latte
Et des aigles planant sur ses toits délaissés.

Un guetteur me montrait, en les nommant, les îles
Qui de contours légers bornaient l'horizon bleu ;
Et quand l'ardent soleil dans les vagues tranquilles
Plongea son disque d'or, nos regards immobiles
Restèrent éblouis sur ses traces de feu.

On entendit tinter les cloches des villages.
Un vent frais se leva sur la lande et les eaux ;

Des cormorans passaient jetant des cris sauvages ;
Les ombres lentement couvrirent les rivages,
Et le phare brilla pour guider les vaisseaux.

MARIE

Elle a rejoint ses sœurs dans la paix éternelle.
Son corps est endormi sous les hauts peupliers,
Et la grive d'hiver, dès l'aube, à côté d'elle,
Chante en allant chercher les fruits mûrs des rosiers.

Pauvre enfant ! son visage était charmant encore,
Dans sa pâleur de marbre et sa rigidité.
La mort avait laissé sur ses traits la beauté,
La douceur des vingt ans, la grâce qui s'ignore.

Ah ! ceux qui n'ont jamais vu de grandes douleurs
Auraient senti leur cœur se briser, quand sa mère
Est venue à son lit baigner son front de pleurs,
La couvrir de baisers, puis faire place au père.

.4

Ils avaient déjà mis trois enfants au cercueil.
Dieu bon, donnez la force à ces âmes en deuil !

Elle a rejoint ses sœurs dans la paix éternelle.
Son corps est endormi sous les hauts peupliers,
Et la grive d'hiver, dès l'aube, à côté d'elle,
Chante en allant chercher les fruits mûrs des rosiers.

Pornic, 11 janvier 1887.

LA PIERRE DES LARMES

A M. Hippolyte Le Gouvello.

Kᴇʀɪᴏʟᴇᴛ, monté sur un grand cheval noir,
Avait laissé son père au fond de son manoir
    Pour s'en aller courir le monde.
Il n'avait d'autre loi que ses fougueux désirs
Et vécut bien longtemps ne cherchant que plaisirs,
    Plongé dans la débauche immonde.

Il avait tout bravé, Dieu, la foudre et la mort ;
Mais la Vierge Marie eut pitié de son sort
    Et tout-à-coup toucha son âme.
Il devint doux et bon, humble comme un enfant,
Austère comme un saint dans l'ombre d'un couvent
    Et plus docile qu'une femme.

Il quitta ses habits de soie et de velours.
Il voulut expier ses coupables amours
    Par l'aumône et par la souffrance.
Revêtu de haillons, les pieds ensanglantés,
Il marcha jusqu'à Rome, où ses austérités
    Se cachèrent dans le silence.

Sur les landes d'Auray, tout près de son château,
Une pauvre chapelle au sommet d'un coteau
    Avait pour lui d'intimes charmes.
Il y venait prier et pleurer ses erreurs.
La vieille dalle humide où sont tombés ses pleurs
    Se nomme *la Pierre des Larmes.*

LES POÈTES ANGLAIS

———

A M. Julien Duchesne.

Poète, vous aimez la poésie anglaise,
Vous avez traduit Gray, Longfellow, Tennyson.
Vos vers ont reflété le ciel gris du Saxon
Et la mer verte au pied de la blanche falaise.
Doux comme un son de cloche à la fin d'un beau jour,
Ils chantent le foyer calme et sa *crémaillère*,
Et nous font envier la paix du cimetière
A l'ombre des ormeaux murmurants d'un vieux bourg.

Vous avez rappelé la jeunesse attristée
De Thomas Gray fuyant la ville détestée
Et cherchant un asile aux lisières des bois,
Sous les aulnes, non loin d'un clocher villageois.

Vous nous avez redit le rêve et la souffrance
D'un prêtre au front blanchi penché sur le *Ruisseau,*
Près du pont de Darnley témoin de son enfance,
En songeant aux amis couchés dans le tombeau.

Vous aimez, j'aime aussi, les nymphes et les fées,
Les Paladins d'Arthur et les simples de cœur
Qui comme *Enoch Arden* compriment leur douleur,
Ne révélant qu'à Dieu leurs plaintes étouffées.
Sur le bord d'un étang où tremble un peuplier,
Tennyson nous a peint, dans sa triste demeure,
Mariana, voyant s'écouler d'heure en heure
Le temps morne, sans bruit, obscur et régulier;
Et rien ne l'interrompt, quand elle pleure ou songe,
Qu'un vol de mouche bleue et la souris qui ronge.

Comme elle j'ai la mort dans mon cœur douloureux;
Je voudrais fuir devant l'Ennui qui me dévore,

Avec le beau nuage emporté dans les cieux
Rougis par le Matin aux yeux de météore.

O poètes des lacs, ô frères des Bretons,
Vous viviez comme nous dans d'humides vallées
Où le vent fait gémir les fougères fanées,
Où la brume se fond en pleurs sur les ajoncs.
Vous prenez en pitié dans la lande sauvage
Le pauvre mendiant qui passe sous l'orage ;
Vous avez des sanglots pour les déshérités ;
Vous sentez comme nous d'invisibles beautés.

Laissant Shelley, Byron accuser la nature
Et jeter en éclats leur tragique douleur,
Sur le fond malheureux de notre vie obscure
Vous montrez l'arc-en-ciel pur et consolateur.
Au delà de la mer, sur une rive amie,
Une voix a chanté le *Psaume de la Vie*,

Disant : Il faut agir et marcher en avant.
Cette voix-là, c'était l'écho du Dieu vivant.

SAINT-POL-DE-LÉON

A M. Robert Oheix.

Le soir, quand j'erre seul au milieu de la ville
Dont la lune blanchit les hauts clochers à jour,
Le parfum des lilas embaume l'air tranquille ;
Je n'entends d'autre bruit que des chansons d'amour.

Je m'arrête, pensif devant la Cathédrale,
Sur la place déserte où tombent les rayons.
Sa grande ombre s'étend vers les humbles maisons,
Et son faîte est baigné de lumière idéale.

Notre Michel Colombe a rêvé tout enfant
Au pied de ces clochers, sous ces porches gothiques ;
Sa jeune âme a compris leur charme pénétrant
Et la grave beauté des visages celtiques.

5

Pourquoi donc n'a-t-il pas, ce merveilleux sculpteur,
Quelque fier monument sur cette place immense,
Lui qui pour son vieux Duc dépouillé par la France
Fit un tombeau sublime où l'on sent tout son cœur ?

J'entre voir dans l'église, en d'étroits ossuaires,
Les crânes blancs des morts à côté des autels,
Les blasons éclatants peints sur les murs sévères,
Les piliers de granit qui semblent éternels.

Tandis qu'autour du chœur fermé de colonnades,
Les évêques en paix dorment sur leurs tombeaux,
J'aime entendre le vent ébranler les vitraux
Et siffler tristement sous les sombres arcades.

En sortant, j'aperçois la flèche du Creisker
Dans le ciel étoilé montant comme une aigrette,
Et dominant au loin les landes et la mer
Qui se lamente au pied de la ville muette.

Saint-Pol-de-Léon, mai 1886.

LES DEUX SOLITAIRES DE BESNÉ

A M. l'abbé Léon Le Monnier.

Dans leur obscurité, c'était vraiment des sages,
  Saint Friard et saint Secondel ;
De leur îlot désert borné de marécages
  Ils ne regardaient que le ciel.

Le maître et le disciple avaient jugé le monde,
  Ses honneurs, ses fausses vertus ;
Et tous deux s'étaient fait une règle profonde
  De vivre et mourir inconnus.

Ils creusaient de leurs mains les sillons de la terre,
  Des pauvres apaisaient la faim ;
Durs pour eux seulement, ils plaignaient la misère
  Qui tourmente le cœur humain.

Mais leur humilité devait être leur gloire ;
   Saint Félix vint prier près d'eux ;
Treize siècles n'ont pu qu'illustrer leur mémoire ;
   Oui, leurs tombeaux sont glorieux !

Car j'ai vu les Bretons en multitude immense,
   Sous l'azur des cieux rayonnants,
Parmi les étendards que la brise balance,
   Courbés devant leurs ossements.

Ils les suivaient joyeux et pressés dans la plaine,
   Au bruit des chants et des tambours,
Vers le jardin ombreux et la vieille fontaine
   Où s'étaient écoulés leurs jours.

Sur le bord des marais où les roseaux frémissent,
   Où règne un silence éternel,
Il est charmant, avec ses lauriers qui fleurissent,
   Le jardin de saint Secondel.

Sa fontaine qui dort sous un dôme de pierre,
    Au milieu des champs de blé noir,
L'oratoire où son âme exhalait sa prière,
    Les yeux se plaisent à les voir.

Et dans la crypte sombre où les deux saints reposent,
    Il est doux de penser qu'aux cieux
Finiront nos douleurs et les maux qui les causent;
    Mais il faudrait vivre comme eux !

NANTES

———

A M. Olivier de Gourcuff.

Sur le coteau de l'Ermitage,
Pour contempler le paysage,
Nous nous étions assis tous deux
C'était vers la fin de l'automne,
Et la capitale bretonne,
Nantes, s'étendait sous nos yeux.

De sa lourde masse gothique
Saint Pierre, vaste basilique,
Dominait la grande cité.
Partout s'élevaient des églises,
Les unes blanches, d'autres grises,
Sur un beau ciel pâle, argenté.

Nous écoutions dans le silence
Sonner lentement, voix immense,

Le vieux bourdon de Sainte-Croix.
Nous admirions la tour carrée
Du merveilleux Palais Dobrée,
Svelte sur l'océan des toits.

Nous aimions ces ponts innombrables,
Ce fleuve encombré par les sables,
Ces îlots verts aux saules nus,
Les barques des pêcheurs d'aloses
Sur le couchant aux teintes roses
Levant leurs filets suspendus.

Je viens de voir ce paysage
De ce coteau de l'Ermitage.
Il est le même qu'autrefois ;
Mais je suis seul : la mort cruelle
M'a pris ma compagne fidèle.
Que les cieux sont mornes et froids !

LA TORCHE DE PENMARCH

A M. Dominique Caillé.

La mer était d'un bleu sombre, lamé d'argent.
Le rocher colossal, vêtu de mousse grise,
Isolé, sous l'assaut des vagues et du vent
Fumait comme une torche éteinte par la brise.

De la grève déserte où j'étais seul, assis,
Je voyais le géant enveloppé de brume.
Je l'entendais hurler quand bondissait l'écume,
Et les échos lointains répondaient à ses cris.

La côte s'étendait sablonneuse et sauvage,
Couverte de varechs rejetés par les eaux.
Des clochers ruinés dominaient le rivage,
Par les siècles jaunis, entourés de hameaux.

6

J'allai rêver autour d'une vieille chapelle,
Bâtie en fin granit sur un bord écarté.
Le ciel bleu découpait son clocheton sculpté,
Où la cloche manquait dans la svelte tourelle.

La porte était fermée. A travers les vitraux,
J'apercevais l'autel dont la pierre verdie
Etait nue et sans fleurs, mais où, vive et jolie,
Chantait une fauvette, au pied des vieux flambeaux.

Elle chantait. Sa voix remplissait la chapelle.
Je l'écoutais, ravi de ce chant si joyeux,
Que ne pouvaient couvrir de leur plainte éternelle
L'Océan ni la Torche aux hurlements affreux.

Ainsi parfois de l'âme, au milieu des tempêtes,
Malgré tous les soucis, tous les chagrins amers,
Un chant pur, un soupir s'élève dans les airs
Et suffit pour charmer les rêves des poètes.

———

CHANT POUR L'INAUGURATION

DU TOMBEAU DE SAINT YVES

———

Quand les Bretons voyaient passer dans la campagne
Saint Yves, revêtu de son vieux manteau gris,
Ils se disaient que Dieu l'avait mis en Bretagne
Pour défendre des Grands les faibles, les petits.

Sur cette terre il fut l'homme de la Justice ;
A tous il enseignait la sainte vérité.
Il désarmait la haine et corrigeait le vice
Par ses douces vertus et son austérité !

Un jour qu'en son manoir, avec des soins de mère,
Il lavait un lépreux trouvé sur son chemin,

Le front du mendiant s'entoura de lumière,
Et c'était Jésus-Christ qui disparut soudain.

O ville de Tréguer, ô cathédrale antique,
Rivages du Jaudy bordés de verts coteaux,
Vous l'avez entendu, dans sa langue celtique,
Prêchant le grand Dieu juste aux loups comme aux agneaux

Il voulut que la mort le prît dans sa chapelle,
Sous ses habits de prêtre, étendu devant Dieu.
Dès qu'il fut endormi dans la paix éternelle,
Une foule innombrable envahit le saint lieu.

On emporta son corps en pompe triomphale,
Parmi les fleurs, l'encens, paré comme un trésor ;
Et le duc de Bretagne en cette cathédrale
Lui bâtit un tombeau tout resplendissant d'or.

A son nom s'éveillaient, sur leurs couches funèbres,
Des enfants dont la mère avait fermé les yeux.

Les marins l'invoquaient au milieu des ténèbres
Et leurs barques passaient les brisants périlleux.

Il est venu le temps de réparer l'outrage
Fait dans des jours sanglants à ses restes bénis.
Un monument nouveau, d'un merveilleux ouvrage,
Apparaît glorieux aux Bretons réunis.

O saint Yves, toujours protégez la Bretagne !
Qu'elle aime comme vous l'Honneur, la Vérité,
La Justice qui fut partout votre compagne !
Gardez-lui pour le Bien sa ferme volonté !

LES COUËTS

A ma belle-sœur, Madame Louise Maisonneuve.

J'ai revu, tout couverts d'un blanc tapis de neige,
Le jardin, le clocher et les toits du collège
    Où j'ai passé mes jeunes ans.
Mes vieux maîtres sont morts presque tous, et moi-même,
Courbé sous les chagrins, frappé dans ceux que j'aime,
    J'ai déjà bien des cheveux blancs.

Oh ! comme ils étaient verts, ces châtaigniers superbes;
Qu'ils étaient parfumés, ces prés aux grandes herbes,
    Les jours de printemps d'autrefois !
Que le saule était frais, penché sur la rivière,
Quand l'aube grise ouvrait les portes de lumière
    Du ciel rose, au-dessus des bois !

J'avais de noirs ennuis dans ces froides études ;
Je trouvais bien pesant le joug des habitudes ;
    Je regrettais la liberté ;
Mais qu'étaient ces ennuis, à côté des souffrances,
Dont la vie et la mort, brisant mes espérances,
    Percent mon cœur ensanglanté !

Les Couëts, près Nantes.

AU CALVAIRE DE PONTCHATEAU

―――

A ma belle-sœur, Madame Noémi de Portzamparc.

Sur un mont isolé, les trois croix du Calvaire
S'élèvent dans l'azur limpide et lumineux ;
Le soleil de septembre en montant les éclaire ;
Un immense horizon se découvre à mes yeux.

Des champs, où le blé noir s'aligne en gerbes roses,
Des landes et des bois entourant des châteaux,
De blancs clochers pareils aux fleurs fraîches écloses,
Se déroulent au loin en vallons et coteaux.

Parmi des pèlerins égrenant leur rosaire,
Vieux paysans bretons, pauvres femmes en deuil,

.7

J'ai gravi les degrés qui mènent au Calvaire,
Et je me suis assis près des croix, sur le seuil.

Mon regard va chercher une verte vallée,
Où dort un petit lac qui reflète des bois ;
Car c'est là que j'ai vu, dans sa grâce voilée,
Celle que j'aimais tant, — pour la première fois !

Au Calvaire de Pontchâteau, le 16 septembre 1888.

LE TOMBEAU

DE JEAN LE CONQUÉRANT

———

A M. Edmond Biré.

Dans la cathédrale de Nantes,
Un soir, au coucher du soleil,
J'entrai. Les vitres éclatantes
Semblaient de pourpre et de vermeil.

J'allai m'asseoir dans un coin sombre ;
Le temple était silencieux ;
Les hauts piliers, sortant de l'ombre,
Montaient d'un jet prodigieux.

Je voyais le grand mausolée
Du dernier prince des Bretons,
Dans sa blancheur immaculée,
Doré par les derniers rayons ;

Et sous des reflets de lumière,
Parmi le mystère des soirs,
Le tombeau de La Moricière,
Ses bronzes et ses marbres noirs.

Dans le chœur, comme aux temps antiques,
Je cherchais vainement des yeux,
Plein de souvenirs héroïques,
Un autre tombeau glorieux.

C'était la tombe de Jean Quatre,
Jean de Montfort le Conquérant,
Par qui Duguesclin se fit battre,
Près de Charles de Blois mourant.

Il reposait là, sous la pierre,
Le vainqueur d'Auray, calme et froid,
Le fils de Jeanne la Guerrière,
Apre défenseur de son droit.

Revêtu d'une blanche armure,
Couché, le glaive à son côté,
La paix sur sa rude figure,
Dans l'albâtre il était sculpté.

Son image mâle et sévère
Rappelait au cœur des Bretons
Les jours où leur blanche bannière
Flottait seule dans leurs cantons.

Mais quand sonna Quatre-vingt-treize,
Sa statue et ses ossements
Par ceux qui tuaient Louis Seize
Furent jetés à tous les vents,

Et je pensais qu'il serait juste
De relever ce fier tombeau
Et de montrer l'image auguste
Du Temps ancien au Temps nouveau.

———

A JOHN KEATS

A côté de Shelley, près des vieux murs de Rome,
Sous l'olivier sauvage et les herbes des morts
Que foule rarement le pied distrait d'un homme,
O poète charmant, on a couché ton corps.

La mort te prit bien jeune, après bien des souffrances.
Ton génie en naissant trouva des envieux ;
Pauvre en cette Angleterre aux richesses immenses,
Tu t'enfuis au pays du soleil et des Dieux.

Mais tu portais au cœur de profondes blessures ;
Tu poursuivais en vain la gloire et la beauté,
Comme un jeune berger la nymphe aux formes pures
Sur un beau vase grec dans le marbre sculpté.

Un ami te restait, jusqu'à la mort fidèle.
Ensemble, vous erriez sur les débris romains,
Du temple de Vesta qu'habite l'hirondelle,
Au palais des Césars, peuplé de saules nains.

Amant de l'harmonie et de la grâce antique,
Chantre d'Endymion, tu mêlais malgré toi
La tristesse moderne et le rêve celtique
A la sérénité que tu cherchais sans foi.

SUR LA TOMBE DE MON FRÈRE

———

Pauvre ami, dors en paix, sans craindre la souffrance.
Près de toi je voudrais oublier mes douleurs,
Sous la terre où déjà, dans l'éternel silence,
Nos parents sont couchés à côté de nos sœurs.

Sous ces grands peupliers au frissonnant feuillage,
Ensemble nous avions suivi bien des cercueils.
Ton tour était venu. J'attends sur le rivage
L'appel qui doit enfin terminer tous mes deuils.

Depuis que ton regard a perdu la lumière,
Une autre que j'aimais encor plus que les miens,
Trop faible pour porter les malheurs de la terre,
Est descendue aussi dans le tombeau des siens.

8

Sur un coteau d'Anjou sa dépouille est scellée,
Au fond d'une chapelle et dans un caveau noir ;
Mais il est, au delà de la voûte étoilée,
Un pays où bientôt j'espère vous revoir !

Cimetière de Pornic.

CHANT DES BRETONS

Souvenons-nous de nos ancêtres,
Les Bretons au cœur indompté,
Qui voulaient vivre en liberté,
Comme les chênes et les hêtres.

Notre pays semble un navire,
Fendant les flots vers l'infini.
Son drapeau par Dieu fut béni,
Et jamais nul n'en put médire.

Souvenons-nous de nos ancêtres,
Les Bretons au cœur indompté,
Qui voulaient vivre en liberté,
Comme les chênes et les hêtres.

Des héros, des saints, des poètes,
Ont guidé les anciens Bretons.
Que nos fils conservent leurs noms,
Nos vieux usages et nos fêtes.

Souvenons-nous de nos ancêtres,
Les Bretons au cœur indompté,
Qui voulaient vivre en liberté,
Comme les chênes et les hêtres.

Que la bannière blanche et noire,
Emblême triste et glorieux,
Soit chère toujours à nos yeux
Et nous rappelle notre histoire.

Souvenons-nous de nos ancêtres,
Les Bretons au cœur indompté,
Qui voulaient vivre en liberté,
Comme les chênes et les hêtres.

Comme une lampe radieuse,
Au milieu des ombres du Temps,
Dans les âmes de nos enfants
Gardons la Foi victorieuse.

Souvenons-nous de nos ancêtres,
Les Bretons au cœur indompté,
Qui voulaient vivre en liberté,
Comme les chênes et les hêtres;

TABLE

Nantes. — Émile Grimaud, imprimeur breveté, place du Commerce, 4.